अधकचरे उवाच

अनकहे एहसास

Sunil Mahala

BookLeaf Publishing
India | USA | UK

Made with ❤ on the BookLeaf Publishing Platform
www.bookleafpub.in
www.bookleafpub.com

Dedication

मस्तिष्क विचारशून्य है, या
विचारों के ग़ुबार में विकृत हो
गया है मस्तिष्क। इन शब्दों को
किसे समर्पित करूँ? जानता हूँ
मैं ये; शब्द उधार लिए हैं मैंने,
मेरी अमानत होते तो ज़रूर
सौपता किसी को।

Preface

अनंत कल्पनाओं को जीने की कोशिश में लगा हूँ; इस कला की काबिलियत अगर आपके पास है तो मुझे भी सीखना है।

Acknowledgements

उनका जिनको पता ही नहीं, हम उनके कितने आभारी हैं

अफ़ीम

बात में दम है
बातूनी हुकुम है
निरर्थक प्रयास
करता सायास
अवनति की पूजा
नहीं काम दूजा
कभी हांके डींग
असल में है भींग
मिलने का शौकीन
पीठ पीछे तौहीन
करता है पाप
ना है पश्चाताप
शोर चहुँओर है
गिरावट का दौर है
नशा अफीम का
काम है मुनीम का

बादशाह

ज़्यादा ही बड़बोला है
बादशाह जरा सा भोला है
चंदन सी सूरत है उसकी
विष-भरा हुआ गोला है

विजन है उसका बहुत बड़ा
ख़ुद ही का रखवाला है
ज्ञान का विस्तृत सागर है
धूर्तों का रखवाला है

बोली से है जोश टपकता
रंगा हुआ सियार है
सच रखता है सीने में
झूठे सब उद्गार हैं

दुनिया उसकी पूजा करती
महिष का अवतार है
सबका है आदर्श बादशाह
नौटंकी भरमार है

तारीख

निकल रहे हैं दिन
बदल जाती है तारीख
बदल नहीं पाते हम
तारीख के मुताबिक
एक मशीन की तरह
हर रोज़
एक पैटर्न में जीने की आदत हो गई
शायद इसीलिए
बदलाव के प्रति
हो रहे हैं तटस्थ
कभी लगता है देख रहे हैं
साक्षीभाव से
फिर गौर करने से आता है नज़र
मनोबल नहीं रहा मुकाबले का
इसीलिए बस
तारीख़ बदलते हुए देख रहे हैं
और निकाल रहे हैं
दिन, महीने, साल और ज़िंदगी

उल्लू

देख नहीं पाता है दिन में
आँखें उसकी बंद हैं
उड़ने का है शौक चढ़ा
जड़ता उसे पसंद है

चेहरे पर रौब है नक़ली
इस्तहारों की संतान है
दिखने में लगता है असली
कहता ख़ुद को महान है

इंसानों सी शक्ल में आया
शैतानों की अक्ल है
देखो तो लगता है ऐसे
करता किसी की नक़ल है

उछल-कूद की आदत पाली
पूरा कामचोर है
बचकानी हरकत करने की
चर्चा चारों ओर है

उल्लू है वह, लेकिन
असलियत छुपाता है
कायरता की मूरत है
सबको बहुत डराता है

धुंधलका

आँखों के समक्ष है धुंधलका
जीभ ने खामोशी ओढ़ रखी है
कान सरोबार हैं शोर से
हाथ सुन्न हैं
घुटने दम तोड़ रहे
सिर मेरा चकराया है
ये जमाना कैसा आ गया
रीढ़ भी झुक आया है
***
आदमी ले तो रहा है साँसें
खो चुके अहसास
अपने ही अस्तित्व के

शौकीन

शौक जलाने का
बुझाने की बात करते हैं
नफ़रत की भूख
प्यार का स्वांग रचते हैं

ख्वाहिश है अमीरी की
वो कफ़न बेचते हैं
गरीबों के नाम पर
खूब दौलत खींचते हैं

विध्वंस की नींव पर खड़ा
इमारत के ख़्वाब दिखाता है
चाँद पर जाने की ज़िद में
धरती को बंजर बनाता है

दिखाकर सपने स्वर्ग के
पाताल में पहुँचा दिया
बिछाकर लाशें बेशुमार
क़द ख़ुद का ऊँचा किया

परछाई

कभी अँधेरा घनघोर
होती है कभी-कभी
चकाचौंध रोशनी की
हो जाता है भ्रम
कहीं परछाई ने किनारा तो नहीं कर लिया
फिर हौले से कहता हूँ ख़ुद से
हो नहीं सकता ऐसे
चंद पलों की चकाचौंध हो
चाहे हो घनघोर अँधेरा
परछाई पीछा नहीं छोड़ती
छुप जाती है कभी-कभी
माकूल होते ही माहौल
नज़र आ जाती है आस-पास
तभी तो जुटा लेता हूँ साहस
सोचने और करने का
नए सपने पालने का
मुश्किलों से लड़ने का
ख़ुशी से जीने का
हर पल में रहने का
विश्वास है मुझे
परछाई कभी पीछा नहीं छोड़ती

लाल-बत्ती

आईडिया नहीं है सिग्नलों का उसको
या आँखों ने देखने से कर लिया किनारा
देखो बत्ती लाल है
फिर भी वह
जोर-जोर से बजा रहा है भोंपू

भोंपू बजाने से रास्ता नहीं खुलता
चिल्लाने से झूठ नहीं छुपता
कहानी से असलियत को ढँक रहा है
कर दिया गुमराह
बजा-बजा कर भोंपू

भीड़ भी मग्न है
लाज कहीं छुप गई
हर कोई नग्न है
दिखाना है तमाशा, बुला लो सबको
जरा जोर से बजाओ भोंपू

सोच

सोचता हूँ करूँ शुरुआत
कुछ पढ़ूँ, लिखूँ कुछ
कह दूँ कुछ, रहूँ व्यस्त
पर अनचाही असुरक्षा
रोक देती है मुझे
अनजाना डर
खड़ा हो जाता है सामने
परफेक्ट बनूँ, मौलिक रहूँ
बनाता हूँ बहाने
हक़ीक़त है अलग
असफलता का डर
बना देता है जड़ मुझे
फिर भी पता नहीं
क्या सोचता हूँ

उत्सव

उपद्रव पैर पसार रहा
वो कहते इसको उत्सव हैं

इस तरह मारना, कुल्हाड़ी पर पैर
नुकसान पहुँचायेगा, अभी गर्म खून है
होगा अहसास, जब ठंडा मौसम आयेगा

भीड़ बन रही है जिस तरह
भेड़ियों का विकल्प, ये झुंड का जोश है
जब छँटेगा जुनून, नजर आयेगा नुक़सान
जिसकी नहीं हो सकेगी भरपाई

चलो, उपद्रव को उत्सव की तरह मनाते हैं
आओ, सब मिलकर मानवता की धज्जियाँ उड़ाते हैं

विलुप्ति

जवाब कहीं बचे नहीं
सवाल तो कहीं खो गए
आँखों में है अंधकार
कान भी तो बहरे हो गए

भीड़ मुझको हाँक रही
मैं भी उसका हिस्सा हूँ
बोध अब तो बचा नहीं
भुला दिया एक क़िस्सा हूँ

इंस्टेंट का आदी हूँ
सॉल्यूशन मेरे पास है
धीरज मुझको दगा दे गया
सबको ये आभास है

सद्गुण संकट में आए
विलुप्ति अब आस-पास है
कोलाहल चोटी पर आया
पीस हुई उदास है

उत्तेजना

हवाओं और विचारों में
दिल और दिमाग़ में
उठी है उत्तेजना

माहौल और मोहल्लों में
गलियों और चौराहों पर
बैठी है उत्तेजना

सोच सिकुड़ रही, पेट गए फूल
अपनी ही जकड़ में सबको
बाँध रही उत्तेजना

सौम्यता और सहजता
जिज्ञासा और मानवता, सबको मैंने भुला दिया
दास मुझे बना लिया, कैसी है ये उत्तेजना

वी.सी.

पैशन भी है
ये तो है फैशन
ना करो तो लगता है, जीवन है अधूरा

मिशन भी है
ये तो है जीवन
मिलता है इसमें, एक समोसा पूरा

हम तो करते है
क्यूँ ना आप करो
की नहीं गर आपने, कम हो जाएगा ओरा

टाइम भी कट जाता है
भर भी जाता पेट
मनोरंजन होगा आपका, लेलो वीसी का सहारा

पॉवर-पॉइंट

पॉइंट में पॉवर नहीं
पॉवर-पॉइंट बनाता हूँ
काला अक्षर भैंस बराबर
फिर भी ज्ञान बहाता हूँ

टाइम मेरा प्रेशियस
मीटिंगों में निबटाता हूँ
बर्डन ज़्यादा है काम का
बातों से काम चलाता हूँ

इंफ़ीरियारिटी हावी हुई
सो, ज़्यादा अकड़ दिखाता हूँ
गूगल पर भी मीट करूँगा
डेटा सबसे मंगवाता हूँ

साहेब

रीढ़ में तो जान नहीं
ज़्यादा तनकर चलते हैं
बुढ़ापा दिखने लगा
बच्चों की तरह मचलते हैं
समझ से कोई रिश्ता नहीं
टारगेट में ही उलझते हैं
निठल्लापन हावी है
टाइम के लिए तरसते हैं
उल्लू सी हैं आँखे उनकी
कानों से किस्से सुनते हैं
साहेब की तो बात निराली
बातों से खीर पकाते हैं

इनर्शिया

साल का आख़िरी दिन
हर साल की तरह
फिर वही पुराने सवाल
रख देता है सामने।
चिढ़ाता है सामने बैठकर
शाम तक कर देता है मजबूर
ख़ुद से ही एक
नया वादा करने को।
लेता हूँ शपथ
कर दूँगा
इस बार इनएक्टिव
अपने इनर्शिया को।

हीरो अकाउंटेबल

बेचना है तंबाकू
लेकिन
हीरो बड़ा अकाउंटेबल है
डायरेक्ट तंबाकू नहीं बेचता
वह बेचता है
केसर
इलाइची
सुपारी
और मिनरल वाला वाटर
हीरो जानता है सरोगेट के बारे में
भूख तो मिटानी है उसको पैसों की
उसूल का पक्का है हीरो
नहीं बेचता तंबाकू

सस्ता माल

गली के ठेलों पर
रोज़ सजता है
फिर भोंपू बजता है
सस्ता माल
बेचने वाला आया है
सस्ती क़ीमत पर
क़ीमती सामान लाया है

सस्ती ख़बरें, सस्ते दाम में समाचार
सस्ती हैं बहसें यहाँ, सस्ते मिलेंगे विचार

भाषण सस्ते, साधन सस्ते
चलो ख़रीदें, हँसते-हँसते

माल है सस्ता, मालिक मज़ेदार है
लगा दो नारा, सस्ता त्योहार है

सेवाभाव

दिखाता हूँ भाव सेवा का
पसंद है मुझे स्वाद मेवा का
सेवा है एक बहाना
मेवा भी तो है कमाना
सेवा एक रिवाज है
मेरा भी ऐसा ही मिजाज है
सेवा मेरा पैशन है
बनाना बड़ा बैशन है
सब मिलकर आओ करें सेवा
इकट्ठा मिलेगा खूबसारा मेवा

पालतू

काटता नहीं कुत्ता पालतू
भौंकना सिखाते हैं उसको
लेकिन...

बिना भौंके भी काट लेता है
कुत्ता गली का किसी को
फिर भी....

पालतू कुत्ता काट सकता है मालिक को
आवारा कुत्ता अनजान को काटता है
दौनों ही नहीं काटते
दौनों ही काट सकते हैं
गारंटी किसी की भी नहीं...

सावधान रहना ही उपाय है एक
घूम रहे हैं चारों ओर कुत्ते अनेक

दान नहीं चढ़ावा

बाहर, सड़क के किनारे
कातर निगाहों से देखता वह श्रृद्धालुओं को
उम्मीद है उसको, वे आयेंगे बाहर
अपनी प्रार्थना सुनाकर, अपने भगवान को
मिलकर भगवान से, श्रद्धालु का हृदय
भर जाएगा दयालुता, उदारता और अपनेपन से
इसी आकांक्षा से करता है बाहर सड़क के किनारे
इंतज़ार वह भूखा भिखारी
भगवान को चढ़ावा देने के लिए
अपने प्राणों की परवाह नहीं करता श्रद्धालु
बाहर आकर
उपेक्षा और तिरस्कार से देखकर भिखारी को
फिर निकल पड़ता है श्रद्धालु
अपने नए गंतव्य की ओर

सिस्टम

सेट है सिस्टम
चापलूसी, डींग और चुगली
कर रही हैं काम डेडिकेशन से
गुस्सा और घमंड विराजमान है कुर्सी पर
अकड़ और डाँट
बनकर ऑब्ज़र्वर
सेट कर रहे हैं सिस्टम

फ़िल्टर

फ़िल्टर लगे हैं चेहरों पर
शक्ल देखो बदल गई
छाना पानी फ़िल्टर से
बात हमारी बन गई
करके फ़िल्टर बातों को
वो अर्थ बदल देते हैं
रोके फ़िल्टर धूप को
चश्मा पहने चलते हैं
फिल्टरिंग का है जमाना
आओ कहीं निकलते हैं
बचकानी बातों को सुनकर
ज़ोर लगाकर हँसते हैं

संकेत

उभर रहे हैं लक्षण
बढ़ गया है प्रदूषण
हवा, पानी और रोशनी
बन गए हैं परेशानी
करें अगर कोशिश, हो सकता है समाधान
ऐसे ही कम होगा नहीं, कितने ले आओ विधान
पर है जो सबसे खतरनाक
वह तो है विचारों पर आघात
सोचना अगर हम भूल गए
पक्का मानो हम समूल गए
टाइम अभी-भी बाकी है
एफर्ट इतने नाकाफी हैं

डेडली डेडिकेशन

नो डेलिबरेशन
जस्ट डेडिकेशन
डोंट वरी अबाउट रिजल्ट्स
ट्राई टू शो इफेक्ट्स
डीलर का प्रेशर है
कंप्लायंस ही उत्तर है
मत करो सवाल
हो जाएगा बवाल
सी द सर्कस
डोंट बी नर्वस
शो का टाइम है
देखना लाजिम है
मुलाजिम मचलेगा
जमाना बदलेगा

लिजार्ड

समझे ख़ुद को विजार्ड
असली है वो लिजार्ड
डेटा का भंडार है
उसी का अहंकार है
डेटा ही डेस्टिनेशन है
ना कोई इमेजिनेशन है
चूना लगाने का उस्ताद
मस्ती में घूमता है आज़ाद
डेटा लेकर चिल्लाता है
यही उसका बहीखता है
सिस्टम के लिए हजार्ड है
सच में वह लिजार्ड है

शोर

शोर से सच्चाई नहीं छुपती
आजकल मुझे असलियत नहीं दिखती
किराए पर लिए हैं जो आवारा
गलियों में लगा रहें हैं नारा
खोखले स्लोगन, देते हैं प्रलोभन
पहचानो इनको, चाहते हैं डेमोलिशन
नवनिर्माण की जरूरत है
वर्तमान की हक़ीक़त है
रुककर सोचना जरूरी है
मेरी यही मजबूरी है

www.ingramcontent.com/pod-product-compliance
Lightning Source LLC
Chambersburg PA
CBHW070653240926
51846CB00003BA/895
9789375101581